AF563172

27
Ln. 11822.

Je soussigné, conseiller à la Cour de cassation, membre de la Commission municipale et départementale, certifie que je connais depuis plus de quarante ans, sous les rapports les plus honorables, M. Louis-Bertrand LAVOCAT père, ancien avoué près le Tribunal de la Seine.

J'atteste que M LAVOCAT a toujours fait preuve d'un attachement sincère à l'empereur Napoléon Ier, et aux Membres de la Famille impériale, et qu'il est à ma connaissance personnelle qu'en 1814, peu de temps après la rentrée des Bourbons en France, il a été arrêté, au moment où il se rendait à l'île d'Elbe, auprès de l'Empereur, et conduit dans la maison d'arrêt de la ville de Meaux, où j'étais alors magistrat.

Paris, le 17 Décembre 1852.

PÉCOURT.

NOTES BIOGRAPHIQUES

SUR

M. LAVOCAT (DE JOINVILLE),

Ex-Adjoint Commissaire des Guerres,

ancien Avoué-Conseil du Ministère des Finances,

Membre de la Légion-d'Honneur,

Décoré de la Médaille de Sainte-Hélène.

BIBLIOTHÈQUE IMPÉRIALE IMPR.

En 1814, dans les jours les plus difficiles de la campagne de France, M. Lavocat, employé sous les ordres de M. l'ordonnateur Dumast et de M. le commissaire des guerres Barchou, fut envoyé à La Ferté-sous-Jouarre, en qualité de commissaire des guerres adjoint.

Le général de brigade Drut, qui avait longtemps commandé à Porto-Ferraio (Ile-d'Elbe), commandait, à cette époque, la place de La Ferté.

Par suite des événements militaires qui s'étaient si malheureusement accomplis, on fut obligé d'évacuer La Ferté et Meaux. M. Lavocat suivit le mouvement de retraite du 6e corps d'armée.

Après la défection du maréchal duc de Raguse, chef de ce corps, M. Lavocat, qui s'était rangé du côté des

Ln 27 11822

mécontents, se rendit au quartier-général à Fontainebleau.

Quand l'Empereur eut abdiqué, M. Lavocat s'offrit pour accompagner S. M. en exil ; mais comme il ne se trouvait point dans certaines conditions déterminées, sa demande ne put être accueillie.

L'Empereur ayant quitté Fontainebleau, M. Lavocat partit pour Paris; il y était à peine arrivé qu'il s'occupa des moyens de passer à l'Ile d'Elbe.

Plus d'une amitié, restée fidèle à la cause du malheur, s'empressa de seconder les projets de M. Lavocat. — Quelques notabilités napoléonniennes, qu'il est inutile de nommer ici, songèrent même à utiliser le voyage d'un homme dont on connaissait le dévouement et la discrétion.

Pourvu d'un passeport régulier et nanti de plusieurs lettres de recommandation, M. Lavocat se mit en route pour Porto-Ferraio.

Mais ses démarches et l'opposition incessante par lui faite aux partisans de la Restauration, avaient éveillé l'attention de la haute-police; le Château des Tuileries s'en était même inquiété. D'ailleurs, l'ex-commissaire des guerres adjoint avait publié contre les Bourbons un petit opuscule intitulé : *Les Vérités du siècle*.

M. le comte Blancas d'Aulps, ministre de la Maison du Roi, auquel on avait signalé les opinions politiques de M. Lavocat, crut voir dans sa conduite et ses manifestations les indices d'une conspiration organisée, ou tout au moins des tentatives d'embauchage pour l'étranger : en conséquence, il voulut que l'on arrêtât le *coupable* en flagrant délit ! ! et le 30 juillet 1814, il lança contre lui une *lettre de cachet.*

COPIE DE LA LETTRE DE CACHET.

« Le Ministre de la maison du Roi, qui a pris les » ordres de S. M., enjoint à M. Pivet de Bocsulan de » se mettre à la recherche du nommé Lavocat (Louis-» Bertrand), ex-adjoint commissaire des guerres, de le » faire arrêter et de s'emparer des papiers et corres-» pondances dont il le trouvera porteur.

» Cet individu, âgé d'environ 25 ans, vient de quit-» ter Paris, muni d'un passeport que la préfecture de » police lui a délivré pour Marseille : on présume qu'il » se dirige sur cette ville dans l'intention de se rendre » ensuite à Porto-Ferraio.

» Le susnommé, né à Joinville (Haute-Marne), est » signalé comme l'un des partisans les plus exaltés et » un des agents les plus actifs de l'*ex-Empereur;* il » paraît entretenir des relations coupables avec l'Ile » d'Elbe, et s'occuper d'embauchage pour ce pays; on » le dit surtout initié à un complot organisé par les en-» nemis du Gouvernement légitime, dans le but de ra-» mener en France Napoléon Bonaparte.

» La personne du sieur Lavocat sera provisoirement

» déposée dans la prison du lieu où l'arrestation aura » été opérée, pour y demeurer au secret jusqu'à ce qu'il » en ait été autrement ordonné.

» Afin de mieux assurer l'accomplissement de la » mission confiée à son zèle et à son dévouement, » M. Pivet de Bocsulan devra requérir l'intervention » des autorités compétentes, et, au besoin, l'appui de » la force armée. Un rapport constatant les circonstances » de l'arrestation et les déclarations du sieur Lavocat, » sera soigneusement dressé, et ce rapport, joint aux » pièces et papiers saisis, sera transmis, sans retard, » au cabinet particulier du Roi.

» *Signé :* Le Comte DE BLACAS D'AULPS. »

Un matin, à la pointe du jour, le sieur Pivet de Bocsulan, ancien émigré, suivi de gendarmes, atteignit M. Lavocat à 25 lieues de Paris, et après lui avoir fait mettre une chaîne de sûreté au poignet droit, ordonna son transfèrement à la maison d'arrêt de Meaux.

Le sieur Pivet de Bocsulan accompagna son prisonnier, et ne le lâcha que dans les mains du geôlier.

PROCÈS-VERBAL D'ARRESTATION ET D'ÉCROU.

« L'an 1814, le 5 août, nous, maréchal-des-logis » de gendarmerie royale, soussigné, en vertu d'un ordre

» de M. le comte de Blacas, ministre de la maison du » Roi, et de l'invitation de M. *Pivet de Bocsulan,* por- » teur de cet ordre qu'il nous a communiqué, avons » conduit et écroué en la maison d'arrêt de Meaux, le » sieur Lavocat (Louis-Bertrand), où il restera jusqu'à » ce qu'il en soit autrement ordonné, et nous l'avons » laissé à la charge et garde du concierge de ladite » maison, qui a signé avec nous, et lui recommandant » que ledit Lavocat soit mis *au secret, ainsi qu'il est* » *ordonné.*

» *Signé :* FAUSSARD et MATHON. »

En marge du registre est la mention suivante :

« Le dénommé ci-contre a été extrait de la maison » d'arrêt de céans cejourd'hui 18 septembre 1814, pour » être conduit devant M. le baron de Charnacé, juge » d'instruction près le tribunal civil de première in- » stance de Paris.

» *Signé :* SLHOBERT. »

« Certifié conforme au registre de la maison d'arrêt » de Meaux, par le gardien soussigné.

» Meaux, le 12 avril 1848.

» *Signé :* MEINELIER. »

Pendant la captivité de M. Lavocat à Meaux, un sieur Robert de Boisgelin, se disant magistrat délégué par

M. de Blacas, est venu trouver le prisonnier et lui a fait subir un très long interrogatoire.

Emmené de Meaux le 18 septembre par deux gendarmes, M. Lavocat, après avoir couché dans la maison d'arrêt de Claye, arriva le lendemain 19 à Paris, la chaîne au poing!! Ayant été interrogé par M. de Charnacé, M. Lavocat fut envoyé à la Force.

Le 30 septembre, il a été mis en liberté.

CERTIFICAT

Délivré par le Préfet de police de Paris.

« Le Préfet de police soussigné, certifie que le nommé » Lavocat, ancien commissaire des guerres adjoint, a » été écroué à la Force le 19 septembre 1814, *placé au* » *secret,* pour y rester en dépôt jusqu'à nouvel ordre, » et mis en liberté le 30 du même mois, en vertu d'une » ordonnance de la chambre du conseil.

» Paris, 31 mars 1848.

» *Signé* : CAUSSIDIÈRE. »

Après les événements de février 1848, M. Lavocat avait songé à se faire rendre certaines lettres et pièces fort importantes, qui avaient été saisies sur lui lors de son arrestation en 1814, et qu'il savait avoir été jointes au dossier de l'instruction; mais ce dossier ainsi que les pièces ayant complètement disparu des archives du Palais-de-Justice, M. Lavocat n'a pu obtenir que la déclaration suivante :

« Le greffier du tribunal de la Seine soussigné, certifie qu'à la date du 19 septembre 1814, il existe sur » le registre des affaires soumises à l'instruction, la » mention suivante : N° 11,002. Louis-Bertrand Lavocat, détenu *sous la prévention d'embauchage pour* » *le compte de l'étranger. Ordonnance du* 30 *septembre* 1814 : *N'y a lieu à suivre.*

» Paris, 7 avril 1848.

» *Signé :* NOEL. »

RETOUR DE L'EMPEREUR NAPOLÉON Ier
DE L'ILE D'ELBE.

Lettre adressée le 3 avril 1815, par M. le Maire de Joinville (Haute-Marne), à M. Lavocat.

« Monsieur, la ville de Joinville ayant voté une » adresse de félicitations à l'Empereur à l'occasion de » son retour en France, je viens vous informer, avec » la plus grande satisfaction, que c'est vous que nous

» avons désigné pour aller, en qualité de président de » notre députation, présenter cette adresse à S. M.

» En vous chargeant d'une semblable mission, le » conseil municipal, et moi en particulier, nous avons » voulu vous donner un témoignage de notre estime » et de notre confiance; nous avons eu, surtout, le » désir de vous dédommager, autant que possible, des « persécutions que le Gouvernement de Louis XVIII » vous a si injustement fait éprouver à cause de votre » dévouement à Napoléon et de votre attachement à sa » personne.

» Nous nous plaisons du reste à reconnaître, Monsieur, » que vous êtes du nombre de ces courageux citoyens » dont les circonstances n'ont pas fait varier les opi- » nions et les sentiments politiques.

» Agréez, etc.

» Le Maire de Joinville,

» *Signé* : L. ROYER. »

Lettre de M. le Ministre de l'Intérieur,

DU 8 AVRIL 1815.

Le Ministre de l'Intérieur, comte d'Empire,

A M. LAVOCAT, Président de la Députation de Joinville.

« Monsieur, je m'empresse de vous prévenir que je

» viens d'écrire à S. E. M. le grand chambellan, pour » l'informer de l'arrivée de la députation de Joinville » et de la demande qu'elle fait d'être admise à l'au- » dience de S. M. Je vous engage à vous adresser à » M. le grand chambellan pour connaître le jour et » l'heure où vous pourrez vous présenter aux Tuileries.

» J'ai l'honneur, etc.

» Pour Son Excellence et par ordre.

» Le chef de la 1re division,

» *Signé :* Goubault. »

Lettre du Grand Chambellan,

du 8 avril 1815.

Le Grand Chambellan, comte d'Empire,

A M. Lavocat, Président de la Députation de Joinville.

« Monsieur le Président,

» En réponse à la lettre que je reçois à l'instant, j'ai » l'honneur de vous informer que S. M. l'Empereur, » dont j'ai pris les ordres, recevra la députation de Join- » ville à son audience de lundi prochain, 10 avril.

» Veuillez donc bien vous rendre aux Tuileries, après-
» demain, avant onze heures.

» Agréez, etc.

» *Signé* : Le Comte DE MONTESQUIOU. »

La députation fut effectivement admise : c'est ce que constate le *Moniteur universel* du 11 avril 1815, n° 101.

M. Lavocat reçut de l'Empereur l'accueil le plus flatteur; S. M. ordonna à un de ses aides-de-camp de service, M. le comte de Bussy, de lui faire un rapport sur les mesures rigoureuses dont M. Lavocat avait été l'objet, et l'Empereur engagea ce dernier à demander de l'emploi dans une administration civile.

LETTRE

de M. le comte Regnault de Saint-Jean-d'Angély à M. Lavocat.

« Paris, 13 mai 1815.

» Je viens d'adresser, Monsieur, à M. le comte

» de Bussy, aide-de-camp de S. M., la lettre que vous » m'avez écrite. Je la lui recommande d'une manière » particulière, et le prie de solliciter des bontés de S. M. » une place qui vous récompense de votre dévouement » et de ce que *vous avez souffert*. Je serai charmé » d'avoir pu contribuer à faire quelque chose qui vous » *soit utile et que vous méritez si bien.*

» Recevez, Monsieur, mes civilités.

» *Signé :* Comte R. DE SAINT-JEAN-D'ANGÉLY. »

Lettre du Prince Lucien, frère de l'Empereur, à M. Lavocat.

« Paris, 13 mai 1815.

» J'ai reçu, Monsieur, votre lettre du 11 mai, et j'ai » lu le petit poème dont vous m'avez envoyé un exem- » plaire. J'applaudis aux sentiments qui vous l'ont in- » spiré. Vous avez montré à la fois du talent et du » *courage*. Quant au désir que vous témoignez d'obte- » nir une sous-préfecture, il faut en faire l'objet d'un » mémoire au ministre de l'Intérieur; je me ferai un » plaisir de le lui transmettre.

» Votre affectionné,

» *Signé :* LUCIEN. »

Le Prince Lucien reçut M. Lavocat en audience particulière le 10 juin 1815.

Lettre de M. de Bussy, aide-de-camp de l'Empereur, à M. Lavocat.

« Paris, 14 mai 1815.

« J'ai reçu, Monsieur, la lettre que vous m'avez fait » l'honneur de m'écrire hier, et aussi la lettre de » M. le comte Regnault de Saint-Jean-d'Angély, qui » s'intéresse beaucoup à vous. *J'ai fait un rapport à* » *l'Empereur*, comme il me l'avait ordonné : il me » faut, aujourd'hui, de nouveaux ordres, pour lui re- » présenter la même demande. Si je les reçois, je vous » assure que ce sera avec un grand plaisir que j'obéirai.

» Agréez, etc.

» *Signé* : Le colonel comte DE BUSSY. »

LETTRE

Adressée le 25 Mai 1815,

De la part de la Princesse Hortense

à M. Lavocat.

« La Princesse Hortense a lu avec intérêt, Monsieur, » la lettre et l'ode que vous lui avez adressées, et Son » Altesse, en me chargeant de vous le témoigner, aime » à se flatter que vous recevrez la récompense des no- » bles sentiments que vous exprimez pour la France et » son souverain.

» Agréez l'assurance de ma parfaite considération,

» *Signé :* Baron Devaux. »

PIÈCE

Emanée du Général de brigade Baron Drut,

ancien Gouverneur de l'île d'Elbe.

« Le Maréchal de camp soussigné, qui pendant la » campagne de 1814 a commandé à La Ferté-sous- » Jouarre (Seine-et-Marne), certifie avoir connu en la- » dite ville M. Lavocat (Louis-Bertrand), qui y exerçait

» les fonctions de commissaire des guerres adjoint, et » que son zéle à remplir ses devoirs lui a mérité l'estime » des autorités, et en particulier, celle du soussigné.

» Paris, 16 mai 1815.

» *Signé :* Drut. »

Les résultats à jamais déplorables de la bataille de Waterloo ont arrêté M. Lavocat dans la carrière qu'il se proposait de parcourir.

A la seconde restauration, traqué, poursuivi au sein de sa famille, et menacé d'un exil en Suisse avec d'autres citoyens de la Haute-Marne, M. Lavocat a dû quitter clandestinement son pays natal.

Il s'est réfugié dans les environs de Paris, chez un ancien ami. Après bien des angoisses et des tourments, il est cependant parvenu, au mois de juillet 1816, à se faire nommer avoué près le Tribunal civil de Dreux.

En juin 1833, il devint avoué au Tribunal civil de la Seine et le conseil du ministère des Finances.

COPIE D'UNE LETTRE

Écrite le 17 Mai 1846,

Par M. Lacave-Laplagne, Ministre des Finances,

A M. LE GARDE DES SCEAUX, MINISTRE DE LA JUSTICE,

EN FAVEUR DE M. LAVOCAT.

« Monsieur et cher collègue,

» M. Lavocat, ancien avoué du Trésor, désirerait une
» place de juge de paix, vacante par décès, à Villejuif,
» près Paris.

» M. Lavocat est un homme qui a rendu pendant son
» exercice de grands services à l'administration des
» Finances, et qui s'y était si honorablement fait con-
» naître que je n'ai point hésité, lors de sa retraite des
» affaires, à lui donner son fils pour successeur.

» La lettre ci-jointe, qu'il m'a adressée et que je crois
» devoir vous communiquer, contient sur son compte
» des détails qui sont bons à connaître, et que je serai
» heureux de vous voir apprécier.

» En vous adressant ma recommandation en faveur
» de M. Lavocat, j'ai la conviction qu'elle ne peut por-
» ter sur un homme plus digne de votre confiance, et

» qui remplisse mieux les conditions nécessaires pour » l'emploi qu'il sollicite.

» Agréez, etc.

» *Signé* : LACAVE-LAPLAGNE. »

OPINION

DE L'ADMINISTRATION SUPÉRIEURE DES FINANCES,

SUR LE COMPTE DE M. LAVOCAT,

COMME AVOUÉ DU TRÉSOR.

1° « Je, soussigné, ancien directeur du contentieux » des Finances, actuellement président de la Cour des » Comptes, certifie que M. Lavocat père, ancien avoué » agrégé à l'agence judiciaire du Trésor, et qui, comme » tel, était sous mes ordres, s'est acquitté avec zèle, » honneur, probité et désintéressement, vis-à-vis de » l'administration, de tous les devoirs que lui imposait » sa qualité d'avoué; que l'administration n'a eu qu'à » se louer de ses services, en récompense desquels il a » obtenu, spontanément et sans l'avoir sollicitée, la dé- » coration de la Légion-d'Honneur.

» En foi de quoi je lui ai délivré le présent certificat, » pour rendre hommage à la vérité.

Paris, le 8 avril 1848.

» *Signé* : DELAIRE. »

2° « Je, soussigné, directeur-général de l'administra-
» tion de l'Enregistrement et des Domaines, et pré-
» cédemment sous-directeur du Contentieux, agent
» judiciaire du Trésor public, officier de la Légion-
» d'Honneur, certifie que M. Lavocat père, ancien
» agrégé à l'agence judiciaire, s'est toujours acquitté
» avec zèle, honneur et probité, vis-à-vis de l'adminis-
» tration, de tous les devoirs que lui imposait sa qualité
» d'avoué; que l'administration n'a eu qu'à se louer de
» ses services ; je me plais à reconnaître ici, comme l'a
» déjà fait M. Delaire, ancien directeur du Contentieux
» des Finances, depuis l'un des Présidents de la Cour
» des Comptes, par son certificat en date du 8 avril 1848 ;
» que c'est à raison de ses services, de son désintéres-
» sement et de la considération dont il jouissait, que la
» décoration de la Légion-d'Honneur lui a été décer-
» née, sur la proposition spontanée de l'administration,
» et sans que M. Lavocat l'ait jamais sollicitée.

» En foi de quoi j'ai délivré le présent certificat.

» **15 mars 1851.**

» *Signé :* Tournus. »

3° « Je, soussigné, conseiller d'État, ancien directeur
» du personnel et de l'inspection générale des Finances,
» commandeur de l'ordre de la Légion-d'Honneur et de
» l'ordre de Charles III d'Espagne, me félicite de trou-
» ver l'occasion de me réunir à mes anciens collègues,
» MM. Delaire et Tournus, pour donner à M. Lavocat,

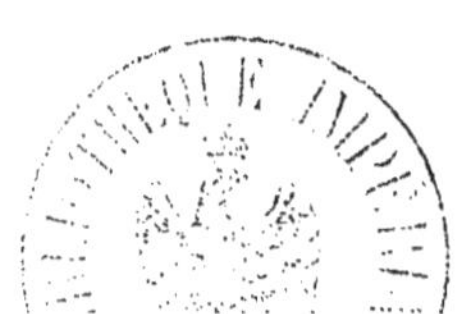

» ancien avoué du Trésor public, un témoignage de la « haute estime qu'il m'a inspirée depuis longues années, » dans les diverses positions que j'ai occupées au mi- » nistère des Finances.

» Paris, le 11 mars 1852.

» *Signé :* Nouton. »

CERTIFICAT

De M. le Maire de la ville de Dreux.

« Je, soussigné, maire de la ville de Dreux, certifie » que M. Lavocat (Louis-Bertrand), a exercé les fonc- » tions d'avoué près le tribunal de première instance de » l'arrondissement de Dreux, avec zèle, talent et désin- » téressement, depuis le mois de mai 1816 jus- » qu'en 1832; ce qui lui avait conquis l'estime et la » confiance d'une grande partie de la population;

» Qu'il est à ma connaissance personnelle, que » M. Lavocat a été très utile à plusieurs jeunes gens, » qu'il a contribué, par son crédit et la confiance qu'il » inspirait, à placer comme fonctionnaires et officiers » ministériels;

» Qu'en 1830, nommé capitaine d'une compagnie de » la garde nationale de cette ville, M. Lavocat a habillé

» et armé, à ses frais, plusieurs gardes nationaux, et a » ainsi contribué à maintenir l'ordre et la tranquillité » dans notre localité ;

» Et enfin que, pendant tout le temps qu'il a résidé » en cette ville, M. Lavocat a été en possession de » l'amitié de ses confrères, et a joui d'une juste et légi- » time considération parmi ses concitoyens.

» Dreux, le 3 avril 1851.

» *Signé* : J. Mésirard. »

CERTIFICAT

De M. le Maire du 3e *Arrondissement.*

« Le maire du troisième arrondissement municipal » de la ville de Paris, soussigné, certifie connaître de- » puis longtemps M. Louis-Bertrand Lavocat, ancien » avoué du ministère des Finances ; il se plaît à témoi- » gner ici des sentiments d'estime qu'il a toujours eus » pour lui, et qui lui sont acquis par sa conduite hono- » rable dans toutes les circonstances publiques et pri- » vées de sa vie.

» Paris, le 10 avril 1851.

» *Signé* : Decan. »

LETTRE

Écrite le 7 Mai 1849,

PAR M. GAUTIER,

L'un des Administrateurs du Bureau de Bienfaisance du 2e Arrondissement,

A M. LAVOCAT.

« Monsieur, veuillez agréer tous mes remerciments
» pour le zèle éclairé que vous avez mis à me seconder
» dans la distribution des secours accordés aux ouvriers
» par la Ville de Paris. La reprise croissante des travaux
» ayant sensiblement diminué le nombre des nécessi-
» teux, je me fais un devoir de vous rendre tout entier
» à vos occupations, en mettant un terme à une coopé-
» ration dont votre humanité a su vaincre les diffi-
» cultés.

» Tout en déplorant les circonstauces malheureuses
» qui *m'ont donné lieu d'apprécier votre dévouement*
» *pour les infortunés,* je ne puis que me louer des rap-
» ports plus intimes qu'elles ont mis entre nous.

» Je suis, etc.

« *Signé :* GAUTIER. »

« Le maire du deuxième arrondissement de Paris
» joint ses remerciements à ceux de M. l'administrateur
» du bureau de bienfaisance pour les bons services ren-

» dus par M. Lavocat, lors des distributions de secours » à domicile.

» Paris, le 7 mai 1849.

» *Signé* Patural. »

Délibération de la Chambre des Avoués

AU SUJET DE M. LAVOCAT.

Séance du Jeudi 1er Août 1844.

« La Chambre, vu la demande à elle adressée par » M. Louis-Bertrand Lavocat, ancien avoué près le Tri- » bunal civil de la Seine, certifie que M. Lavocat a » exercé, avec *honneur* et *probité*, les fonctions d'avoué » près ledit Tribunal, depuis le 8 juin 1833 jusqu'au » 1er décembre 1843, jour de la prestation de serment » de M. Lucien Lavocat, son fils et son successeur.

» Fait et délibéré en séance, les jour, mois et an » susdits.

» Pour expédition,

» *Signé* : Lefébure de Saint-Maur,

» Secrétaire de la Chambre. »

Arrivée du Prince Louis-Napoléon,

A PARIS.

M. Lavocat n'a pas été un des derniers à saluer le retour du prince ; il a eu l'honneur d'être reçu par S. A., sur la présentation de M. Casimir Noël.

Depuis, c'est-à-dire le 7 novembre 1848, il obtint une audience particulière, sous les auspices de M. *Ferdinand Barrot,* qui avait bien voulu donner à M. Lavocat une lettre de recommandation.

Cette lettre fut lue par le Prince, et, en la rendant à M. Lavocat, S. A. lui dit, de la manière la plus gracieuse, que cette pièce serait désormais son titre d'admission près d'elle.

Voici la copie de cette lettre :

» Mon Prince, voulez-vous me permettre de recom-
» mander à votre accueil bienveillant M. Lavocat père,
» ancien avoué du Trésor public, et que je connais de-
» puis longtemps. Il est très attaché à votre famille, et
» il sera un très zélé partisan d'une candidature à la-
» quelle se rattachent tous les hommes qui veulent con-
» solider la société......, etc.

» Agréez, mon Prince, l'assurance de mon respec-
» tueux dévouement.

» *Signé* : FERDINAND BARROT. »

La place de chef de division du Contentieux au ministère de la Maison de l'Empereur étant devenue vacante, M. Lavocat, s'appuyant sur ses titres et sur son expérience, sollicita cet emploi des bontés de S. M.

L'Empereur, prenant en considération les droits du pétitionnaire, lui fit écrire, le 12 avril 1855, la lettre ci-après :

« Monsieur,

» La demande que vous avez adressée à l'Empereur » vient d'être transmise, *par ordre de Sa Majesté*, à » M. le ministre d'État de la Maison de l'Empereur.

» J'ai l'honneur de vous en informer.

» Recevez, Monsieur, l'assurance de ma considéra- » tion distinguée.

» Le sous-chef du cabinet de l'Empereur,

» Albert DE DALMAS. »

En recevant cette réponse bienveillante, M. Lavocat avait conçu un légitime espoir de succès; mais le 18 du même mois d'avril 1855, M. le ministre d'État vint détruire cet espoir par la dépêche officielle dont la teneur suit :

» Paris, le 18 avril 1855.

» Monsieur, l'Empereur a prescrit le renvoi à mon » département de la supplique que vous avez adressée à » S. M. à l'effet d'être appelé aux fonctions de chef de

» la division du Contentieux au ministère de la Maison
» de l'Empereur.

« Les antécédents que vous invoquez et les témoi-
» gnages honorables dont vous êtes l'objet ne pour-
» raient qu'appeler d'une manière favorable mon atten-
» tion sur votre demande; mais un remaniement des
» attributions de ce service, et une répartition diffé-
» rente des affaires contentieuses ont permis de suppri-
» mer l'emploi de chef de division; et la vacance que
» vous signalez n'a donné lieu qu'à un mouvement hié-
» rarchique dans le personnel de mon administration.

» Je n'aperçois donc pas possibilité de donner une
» suite utile à votre demande, et je vous en témoigne
» mes regrets.

» Recevez, Monsieur, l'assurance de ma parfaite con-
» sidération.

» Le Ministre d'État et de la Maison de l'Empereur,

» Achille Fould. »

Paris. — Imprimerie d'Émile Allard, rue d'Enghien, 14.

www.ingramcontent.com/pod-product-compliance
Lightning Source LLC
LaVergne TN
LVHW010255230826
846091LV00007B/2990